Wir verstehen das Vaterunser

Annelies Dietl

Wir verstehen das Vaterunser

Mit Illustrationen von Judith Winstel

Verlag Friedrich Pustet
Regensburg

Die Deutsche Bibliothek – CIP-Einheitsaufnahme

Dietl, Annelies:
Wir verstehen das Vaterunser / Annelies Dietl. Mit Ill.
von Judith Winstel. – Regensburg : Pustet, 1998
  ISBN 3-7917-1617-4

ISBN 3-7917-1617-4
© 1998 by Verlag Friedrich Pustet, Regensburg
Umschlag: Judith Winstel, Ottobrunn
Gesamtherstellung: Friedrich Pustet, Regensburg
Printed in Germany 1998

Inhalt

Das Vaterunser

Die Apostel, die Jesus auf dem Weg durch Israel beglei-
teten, hatten schon oft miterlebt, wie Jesus zum Beten
auf einen Berg gegangen war. Sie spürten dann, dass viel
Ruhe und Freude von ihm ausging.
Eines Tages sagten sie zu ihm: »Wir möchten auch so
beten können wie du. Sag uns doch, wie wir das machen
müssen. Herr, lehre uns beten.«
Da sprach Jesus: »Wenn ihr betet, so sagt:

> Vater unser im Himmel,
> Geheiligt werde dein Name.
> Dein Reich komme.
> Dein Wille geschehe, wie im Himmel so auf Erden.
> Unser tägliches Brot gib uns heute.
> Und vergib uns unsere Schuld,
> wie auch wir vergeben unsern Schuldigern.
> Und führe uns nicht in Versuchung,
> sondern erlöse uns von dem Bösen.
> Denn dein ist das Reich und die Kraft und die
> Herrlichkeit in Ewigkeit. Amen.«

Vater unser im Himmel

Jesus hat den Leuten erzählt, dass wir einen Vater im Himmel haben. Einen unendlich guten Vater.

Wir wissen, wie ein guter Vater sein soll, auch wenn wir schlechte Väter kennengelernt haben: Ein guter Vater liebt seine Kinder, und er liebt sie alle gleich. Er sorgt für sie, er ist immer da, wenn sie ihn brauchen und er hört zu, wenn sie ihm etwas sagen wollen.

Der Vater, von dem Jesus spricht, ist so ein guter Vater. Er ist der Vater aller Menschen und liebt alle gleich. Mit ihm können wir immer reden. An jedem Ort, wo wir gerade sind. Bei Tag und bei Nacht. Wenn wir uns freuen und wenn wir traurig sind. Der himmlische Vater hört uns immer. Deshalb beten wir zu ihm.

Katrins großer Wunsch

Katrin nervt ihren Vater schon zu hundertsten Mal. Sie will unbedingt ein neues Rad. So ein Mountainbike mit dicken Reifen, die ein starkes Profil haben.

»Sag, Papa«, jammert sie gerade wieder, »wann endlich kaufst du mir eines? Ich kann einfach nicht länger mit diesem alten Klapperkasten fahren. Immer bin ich die Letzte und außerdem lachen mich die anderen schon aus.«

»Und wer sind die anderen?«, fragt der Vater.

»Die von meiner Klasse.« Katrin schmollt.

»Du weißt doch, dass ich zur Zeit das Geld nicht habe. Wie oft soll ich dir das denn noch erklären? Oder soll ich vielleicht eine Bank überfallen?«, fragt der Papa.

»Ja«, antwortet Katrin, »tu das!«

»Und welche soll ich mir vornehmen, wenn ich fragen darf? Die Vereinsbank oder besser die Stadtsparkasse?«

»Such die aus, wo man dich nicht kennt«, sagt Katrin.

»Dann wäre wohl die Raiffeisenbank die beste.«

»Ist doch mir egal!« Katrin stöhnt.

»Also, Katrinchen«, sagt der Papa, »dann werd' ich halt

eine Bank überfallen und tausend Mark verlangen. Damit du ein Mountainbike bekommst.« Jetzt stöhnt der Vater.

»Du könntest gleich ein bisschen mehr verlangen. Dann bekäme die Mama auch mehr Haushaltsgeld. Das reicht ja auch nie.«

»Keine schlechte Idee«, meint der Papa. »Dann verlange ich halt zweitausend Mark. Ist das recht so?«

Katrin überlegt: »Warum nicht gleich eine Million? Dann hätten wir für lange Zeit ausgesorgt.«

»Ach, Katrinchen«, sagt der Vater. »Eine Million wäre doch zuviel. Stell dir vor, wenn sie mich erwischen, dann lochen sie mich bestimmt länger ein als wenn ich nur tausend oder zweitausend Mark verlangt hätte.«

»Dann ist es mir egal«, sagt Katrin. Sie ist wütend.

»Also«, beginnt der Vater, »jetzt müssen wir erst einmal überlegen, was ich zu so einem Überfall alles brauche: Eine Mütze, die ich über den Kopf ziehen kann. Da könntest du mir doch deine Skimütze leihen.«

»Kann ich nicht«, antwortet Katrin. »Da müsstest du doch zwei Löcher für die Augen hineinschneiden. Und dann wäre sie kaputt.«

»Und dann, ja, dann bräuchte ich einen Revolver. Hast du einen Revolver?«

»Nein!«, schreit Katrin genervt. »Wo soll ich denn einen Revolver her haben?«

»Ich dachte halt. Nur so. Bei deinen Spielsachen vielleicht.«

»Quatsch! Bei meinen Spielsachen!«

»Dann müssen wir eben einen kaufen. *Ich* hab dafür aber kein Geld. Hast du eines?«

»Nein!«

»Sieh mal in deiner Sparbüchse nach. Da ist doch sicher einiges drinnen. Oder?«

»Aber nicht für so eine blöde Spielzeugpistole«, schreit Katrin.

«Ja, Katrinchen, dann kann ich eben keine Bank überfallen, verstehst du?«, sagt der Vater.

Jetzt beginnt Katrin zu weinen. Sie lehnt den Kopf an seine Schulter. Der Vater streichelt ihr das Gesicht. Dann nimmt er ein Taschentuch und wischt ihr die Tränen ab. Die beiden sitzen lange da, eng aneinandergeschmiegt. Endlich hat sich Katrin beruhigt. Sie nimmt Papas Kopf zwischen die Hände und küsst ihn viele Male auf das Gesicht.

»O, mein Katrinchen«, sagt der Vater. »Die Hauptsache ist doch, dass wir uns lieb haben. So ein Mountainbike ist doch nicht so wichtig. Meinst du nicht auch?«

»Doch!«, antwortet Katrin, »für mich schon.«

»Aber wenn ich einmal das Geld dafür habe, ohne gleich eine Bank überfallen zu müssen, dann kauf ich dir das tollste Rad, das es in der ganzen Stadt gibt. Einverstanden?«

Katrin schnieft. »O.K., Papa«, sagt sie. »Und das mit dem Banküberfall war doch nur ein Witz. Oder?«

»Natürlich war das nicht ernst gemeint«, sagt der Vater. Und jetzt müssen die beiden sehr lachen.

Geheiligt werde dein Name

Jeder Mensch hat einen Namen. Unser Name ist etwas ganz Wichtiges. Wer meinen Namen ruft, sucht nicht irgendwen, sondern jemand ganz bestimmten, nämlich mich. Sie sagen nicht »hey, du da«, sondern sie sagen zum Beispiel: »Michael« oder »Julia«.

Auch Gott hat einen Namen. Er hat ihn uns Menschen selber mitgeteilt. Sein Name ist »Jahwe«. Und dieser Name bedeutet: »Ich bin da«.

Weil wir glauben, dass Gott immer bei uns und für uns da ist, dürfen wir uns freuen. Er ist für uns nicht ein Gott ganz weit weg, sondern immer in unserer Nähe. Wir wollen seinen wunderbaren Namen heilig und in Ehren halten. Deswegen beten wir: Geheiligt werde dein Name.

Rosi kam aus Hamburg

Es war im Krieg. Rosi, das Mädchen aus Hamburg, wurde mit vielen anderen blassen, mageren Kindern in eine kleine bayerische Stadt geschickt. Dort durften sie bei netten Leuten wohnen. Sie waren vor feindlichen Bomben sicher und konnten in der Nacht durchschlafen. Auch gab es mehr zu essen als daheim in der Großstadt.

Frierend und zitternd, mit einem Schild aus Pappe um dem Hals, stand die kleine Rosi auf dem Marktplatz der kleinen Stadt. Auf dem Schild standen ihr Name, ihr Geburtstag und ihre Heimatadresse. Rosi schmiegte sich eng an ihre Freundin aus Hamburg.

»Hoffentlich dürfen wir zusammenbleiben«, sagte sie zu Elke.

»Ja, hoffentlich«, antwortete die Freundin.

»Wer aber wird schon zwei Kinder aufnehmen?«

Sie durften nicht zusammenbleiben, die Rosi und die Elke. Eine Frau aus dem Gemeindeamt rief die Namen der Kinder auf. Und die Gasteltern reichten ihren Schützlingen die Hand. Sie gingen mit ihnen nach Hause.

Die Familie Wittmann, bei der Rosi untergebracht war,

bestand aus Vater, Mutter und den Kindern Bernd, Walter und Christa. In den ersten Tagen war Rosi sehr scheu. Und ganz schlimm empfand sie, dass sie die bayerische Sprache kaum verstand. Als sich dann aber die ganze Familie bemühte, hochdeutsch zu sprechen, wurde viel gelacht und Rosi fühlte sich bald wohl bei den Wittmanns.

Wenn aber jeden Mittag die Familie vor dem Essen um den Tisch stand, die Hände faltete und betete, wunderte sie sich sehr. Einmal fragte sie schüchtern: »Was macht ihr denn da immer?«

»Wir beten«, antwortete die Mutter. »Wir bitten Gott um seinen Segen für das Essen und wir danken ihm auch für das Essen.«

Rosi wunderte sich sehr. »Aber das Essen habt ihr doch gekauft und auch bezahlt. Da müsst ihr doch Gott nicht Dankeschön sagen.«

»Weißt du«, sagte die Mutter, »wir wollen, dass Gott immer bei uns ist. Und wenn wir unsere Gebete sprechen, wird er in unserer Mitte sein.«

Rosi verstand das alles nicht. In ihrer Familie in Hamburg hatte nie jemand von Gott gesprochen.

Bernd, Walter und Christa waren richtig stolz, dass die Rosi bei ihnen wohnte. Sie nahmen sie überallhin mit.

Natürlich auch zur Sonntagsmesse. Da kniete sie dann ahnungslos in der Bank und verstand überhaupt nicht, was da alles vor sich ging. Aber es gefiel ihr trotzdem.

»Zu Hause dann«, dachte sie, »will ich alles erfragen. Das interessiert mich nämlich sehr. Wenn ich dann wieder in Hamburg bin, werde ich meiner Mutter davon erzählen. Vielleicht gibt es in Hamburg auch so einen Gottesdienst. Aber die Mama hat sicher noch keine heilige Messe erlebt. Sonst hätte sie mir das längst erzählt und wäre mit mir dorthin gegangen. Und gefallen würde es ihr dort ganz bestimmt.«

Am Schluss des Gottesdienstes standen alle Leute auf. Die Orgel brauste los und ein paar Trompeten schmetterten laut. Rosi kannte sich nun gar nicht mehr aus. Jetzt begannen die Leute auch noch kräftig zu singen: »Großer Gott, wir loben dich, Herr, wir preisen deine Stärke. ...«

»Das hat jetzt schon wieder alles mit diesem Gott zu tun«, dachte Rosi. Und dann dachte sie wieder an ihre Mutter daheim, an das zerbombte Haus und dass ihr Vater im Krieg war. Und plötzlich musste sie ganz furchtbar weinen.

Christa, die neben ihr stand, merkte dies und stupste sie an.

»Was hast du denn?«, fragte sie. »Ist dir nicht gut?«
Rosi schüttelte den Kopf, schniefte und suchte nach ihrem Taschentuch. Sie wischte sich die Tränen ab und war plötzlich furchtbar müde.

Christa aber war sehr erschrocken. Sie hatte noch nie gesehen, dass ein Kind in einem Gottesdienst weint.

Deshalb fragte sie wieder: »Sag, Rosi, ist dir schlecht? Sollen wir rausgehen?«

Rosi antwortete nicht und setzte sich. Sie hielt beide Hände vor ihr, von Tränen nasses, heißes Gesicht.

Die zweite Strophe des Liedes, »Alles, was dich preisen kann, Kerubim und Serafinen stimmen dir ein Loblied an«, hörte Rosi nur noch im Traum. Sie war vor Erschöpfung eingeschlafen.

Dein Reich komme

Wenn es daheim ganz schön ist, wenn die Eltern sich einig sind und die Geschwister nicht streiten, dann fühlen wir uns wohl. Dann spüren wir die Nähe Gottes. Wir wissen: Gott ist bei uns.

Gott will nicht, dass Menschen
Kriege führen,
einander umbringen,
Tiere quälen,
Kindern Böses antun.

Gott will,
dass wir wie Freunde miteinander umgehen,
dass wir einander achten und lieben,
dass wir jedem gönnen, was ihm gehört.

Wenn wir miteinander tun, was Gott möchte,
wenn wir darauf achten, dass alle glücklich sind,
dann kommt das Reich Gottes zu uns.

Kindergeburtstag

Maria hat Geburtstag. Die Mutter hat ihr erlaubt, am Nachmittag ein paar Freunde einzuladen. Zum Feiern natürlich. Sofie, Sandra, Kathrin und Anna sind schon da. Auch Severin und Philipp sind bereits eingetroffen. Sie beschäftigen sich gerade mit Babsi, dem Schwesterchen von Maria. Babsi ist geistig behindert. Die Kinder wissen das. Sie sind immer gut zu Babsi. Sie lassen sie mitspielen und bemühen sich zu verstehen, wenn sie irgend etwas Unverständliches lallt. Dann ist das kleine Mädchen glücklich. Babsi lächelt fast immer. Sie hat noch nicht erfahren, dass es auch böse Menschen gibt, denn in ihrem Elternhaus ist jeder lieb zu ihr. Die Eltern loben sie, wenn sie kleine Arbeiten verrichtet. So kann Babsi zum Beispiel allein die Schuhe an- und ausziehen. Oder den Mantel an den Haken hängen. Sie werden nicht ungeduldig, wenn der Mantel zuerst dreimal auf den Boden fällt.

Maria spielt fast jeden Tag mit Babsi. Meistens machen sie Fingerspiele. Dann ist Babsi besonders glücklich. Denn dabei kann sie nichts umstoßen, es kann ihr nichts aus der Hand fallen, es kann nichts kaputtgehen.

Auch Marias neuer Mitschüler und Banknachbar Julian ist zum Geburtstag eingeladen.

»Wo er nur so lange bleibt?«, fragt Sandra. »Er müsste doch schon längst hier sein.«

»Vielleicht kommt er gar nicht«, meint Anna. »Oder er hat den Weg nicht gefunden.«

Jetzt läutet es kräftig an der Tür.

»Das wird er sein!«, ruft Maria und öffnet. Babsi steht auch schon da. Sie legt den Kopf nach hinten und sieht Julian mit halb zusammengekniffenen Augen durch die dicken Brillengläser an.

Julian sieht kurz zu Babsi hin und sagt zu Maria: »Wen hast du dir denn da angelacht? Igittigitt, die sabbert ja!« Er schubst Babsi unsanft zur Seite. Und Babsi lacht ihn an.

»Das ist meine Schwester, die Babsi«, antwortet Maria. »Jetzt schau nicht so blöd, sie tut dir schon nichts. Wie du siehst, ist sie behindert. Aber deswegen ist sie auch ein Mensch. Genau so wie du und ich. Und jetzt komm endlich rein.«

»Wenn ich das gewusst hätte«, sagt Julian.

»Wenn du *was* gewusst hättest?«, fragt Maria. »Na sag schon. Wenn du gewusst hättest, dass ich eine behinderte

Schwester habe, wärst du wohl gar nicht gekommen. Oder?«

Jetzt aber rufen die anderen Kinder nach Julian. Und Babsi schiebt ihn ins Wohnzimmer.

Auf dem Tisch stehen Limonaden und Kakao, Kuchen und belegte Brote. Alle Kinder greifen fröhlich zu. Es stört niemanden, dass Babsi ihre Limo umstößt und mit dem Pulloverärmel Sahne vom Obstkuchen streift. Nur Julian ist entsetzt.

Jetzt hören die Kinder Musik von der Kelly-Family. Manche schlagen den Takt dazu mit dem Fuß. Andere wiegen mit dem Kopf hin und her. Babsi sitzt in einer Ecke auf dem Boden. Sie hat eine alte Gitarre zwischen die Beine geklemmt. Mit beiden Händen trommelt sie auf das Holz. Natürlich nicht im Takt. Das schafft sie nicht.

»Könntest du vielleicht den Lärm abstellen, den dieses Monster dort macht?«, fragt Julian.

Maria ist entsetzt. »Wenn dir etwas nicht passt, kannst du ja gehen«, antwortet sie. Beleidigen lassen wir uns nämlich nicht von dir. Vielleicht bist *du* ein Monster. Und hast es noch gar nicht gemerkt.«

Jetzt geht Julian mit harten Schritten auf Babsi zu. Er hockt sich vor sie hin, auf den Boden. Er schneidet Grimassen, um sie zu ärgern oder ihr Angst zu machen.

24

Babsi versteht das anders. Sie findet das lustig und freut sich. Sie klatscht in die Hände und stößt ein paar Jubellaute aus. Dann rappelt sie sich hoch, breitet die Arme aus und lässt sich voll auf Julian fallen. Damit hat Julian natürlich nicht gerechnet. Er versucht aufzustehen und schiebt Babsi zur Seite. Dabei merkt er, wie zart und zerbrechlich dieses kleine Mädchen ist. Jetzt hilft er Babsi sogar aufzustehen. Er hebt sie ein wenig hoch und stellt sie ganz sachte auf den Boden. Babsi greift nach seinem Gesicht. Sie kann es aber nur mit den Fingerspitzen erreichen, denn Julian ist groß. Es genügt aber, um ihn ganz schnell ein bisschen zu streicheln.

Julian wundert sich, dass er dies gar nicht unangenehm empfindet. Aber peinlich ist es ihm schon. »Hoffentlich haben es die anderen nicht gesehen«, denkt er. Die anderen haben es natürlich gesehen, sich dabei aber nichts gedacht. Sie sind solche Reaktionen von Babsi gewöhnt.

Und plötzlich ist ihm die Babsi gar nicht mehr so unangenehm. »Sie ist doch auch ein Mensch aus Fleisch und Blut«, denkt er. Da hat Maria schon recht. Und dass sie krank ist, dafür kann sie ja nichts.

Als die Kinder dann unter der Anleitung von Marias Mutter im Garten ein Kreisspiel machen, führt Julian die kleine Babsi an der Hand.

Dein Wille geschehe,
wie im Himmel so auf Erden

Gott will, dass es allen Menschen gut geht. Er weiß, wie wir leben und miteinander umgehen müssten, um glücklich zu sein.
Wir wissen nicht immer genau, was Gott will. Und manchmal wollen wir es auch gar nicht wissen, weil es uns nicht in den Kram passt.
Trotzdem sollen wir versuchen, Gottes Willen zu tun.

Wir sollen auf sein Wort hören.
Wir sollen die Menschen, mit denen wir zu tun haben, lieben.
Wir sollen alles, was Gott geschaffen hat, mit Ehrfurcht behandeln.

Je mehr wir den Willen Gottes tun, desto näher kommen wir ihm.
Wir wünschen uns, dass alle Menschen auf der Welt gut zueinander sind und in Frieden leben können. Wo dies geschieht, geschieht der Wille Gottes.

Onkel Franz und das Vaterunser

Es war kurz nach den Zweiten Weltkrieg. Die kleine Hedwig durfte mit ihrer Mutter zum Onkel aufs Land fahren. Dort gab es mehr zu essen als in der Stadt. Onkel und Tante freuten sich über den Besuch. Man hatte sich lange nicht gesehen.

Das gute Essen bei den Verwandten war so reichlich, dass jeder satt wurde. Vor dem Essen standen die Leute um den Tisch und sprachen ein Gebet, danach einen kurzen Dank und das Vaterunser. Dabei stand Hedwigs Mutter neben dem Onkel. Sie merkte, dass dieser jedes Mal die Bitte: *Dein Wille geschehe, wie im Himmel so auf Erden,* nicht mitsprach.

Nach ein paar Tagen machte der Onkel mit seinen beiden Gästen einen Spaziergang zu seinen Feldern. Auf dem Weg dorthin fragte ihn die Mutter: »Sag einmal, Franz, warum lässt du beim Vaterunser immer die Bitte *Dein Wille geschehe* ausfallen?«

Da räusperte sich der Onkel erst einmal kräftig, bevor er antwortete.

»Weil ich nicht will, dass der Wille Gottes geschieht.

Meine beiden Söhne sind im Krieg gefallen. Soll ich mich etwa darüber freuen? Soll ich dem da oben wohl gar noch Dankeschön sagen?«

Hedwig überlegte: »Wen kann der Onkel wohl meinen, wenn er sagt ›dem da oben‹? Den Mond vielleicht?« Sie schaute zum Himmel empor. Der Mond war nicht zu sehen. Nur die Sonne schien hell und heiß. »Nein«, dachte sie, »den Mond meint er sicher nicht. Wen aber sonst? Den lieben Gott etwa? Nein, das kann auch nicht sein. Von Gott redet man nicht so. Von Gott redet man gut, weil er gut ist. Das lernt man ja schon in der Schule. Aber der Onkel? Wie kann der nur so daherreden, ›dem da oben‹.« Hedwig wunderte sich, wagte aber nicht, den Onkel zu fragen.

Sie ging neben den beiden Erwachsenen und hörte aufmerksam zu. Die Mutter sagte eine Zeit lang nichts. Schließlich begann sie: »Aber Franz, ich sehe die Sache anders. Ich denke, dass es nicht der Wille Gottes war, dass deine Söhne nicht mehr aus dem Krieg heimgekehrt sind. Die Menschen haben den Krieg gemacht. Und Menschen waren es, die deine Söhne totgeschossen haben. Kriege und töten sind bestimmt nicht der Wille Gottes.«

Der Onkel hörte zu und schwieg. Hedwig begann plötzlich auf einem Bein zu hüpfen. Es war ihr auf einmal ganz egal, was die Mama mit dem Onkel redete und sie dachte: »Die Erwachsenen sind oft sehr kompliziert.«

»Geh ordentlich«, ermahnte sie die Mutter.

»Aber mir ist langweilig«, sagte Hedwig.

»Dann pflück' einen schönen Blumenstrauß«, schlug die Mutter vor und schon rannte Hedwig los.

Jetzt begann der Onkel wieder zu reden. »Ich frage mich nur, warum Gott den Tod meiner Kinder nicht verhindert hat.«

»Darauf weiß ich natürlich auch keine Antwort«, sagte die Mutter. »Das werden wir wohl nie verstehen. Aber ich glaube trotzdem, dass Gott gut ist.«

Die beiden gingen schweigend nebeneinander her, als Hedwig mit einem wunderschönen Feldblumenstrauß angerannt kam.

»Schau Mama«, sagte sie. »Wie schön der ist! Soll ich noch einen Strauß pfücken? Es gibt ja so unendlich viele Blumen hier. Von manchen kenne ich nicht einmal den Namen.«

»Ja«, antwortete die Mutter. »Pflück' noch so einen schönen Strauß. Den bringen wir dann der Tante mit.«

Hedwig sah den Onkel an und fragte: »Würde sich die Tante darüber freuen?«

Der Onkel sah düster drein und meinte:

30

»Was hast du gesagt?«

»Ob sich die Tante über einen Blumenstrauß freuen würde.«

»Ja, sicher, vielleicht. Ich denke schon.«

Und wieder rannte Hedwig voller Freude und Begeisterung auf die herrliche bunte Wiese zu.

Die Mutter und Hedwig blieben noch eine Woche auf dem Land. Die Mutter aber hat in dieser Zeit nicht gehört, dass der Onkel die Vaterunser-Bitte *Dein Wille geschehe, wie im Himmel so auf Erden* mitgesprochen hat.

Onkel Franz tat ihr leid. Insgeheim aber dachte sie: »Vielleicht braucht er noch ein wenig Zeit, alles neu zu sehen und zu verstehen.«

Vor ihrer Heimreise, als sie schon unter der Haustüre stand, versprach sie ihm, oft ganz lieb an ihn zu denken. Und Onkel Franz freute sich darüber.

Unser tägliches Brot gib uns heute

Jesus hat uns erzählt, dass Gott weiß, was wir Menschen brauchen. Er hat aber auch gesagt, dass wir Gott um alles, was wir brauchen, bitten dürfen. Dann wird er es uns geben.

Wir bitten Gott um Brot für den Tag und um ein Bett für die Nacht. Wir bitten um ein bisschen Liebe von Mensch zu Mensch, wenn wir beten: »Unser tägliches Brot gib uns heute«.

Jeder weiß, dass das feinste Essen nicht schmeckt, wenn die Leute am Tisch einander nicht gut gesinnt sind und die Stimmung schlecht ist. Wir brauchen also nicht nur das Stück Brot, das den Magen satt macht.

Wir brauchen auch ein lobendes Wort von der Mutter, wir möchten vom Papa in den Arm genommen werden, wir möchten gerne lachen und uns freuen.

Auch das ist tägliches Brot. Darum bitten wir Gott: Gib uns all das, was wir zum Leben brauchen.

Eingeladen

Diese Geschichte hat sich vor vielen Jahren zugetragen. Es gab zu dieser Zeit viele arme Familien. Die Männer waren arbeitslos, der Hunger war groß. Und Kinder gab es viele.

Acht Jahre war sie alt, die kleine Mathilde, als sie zum ersten Mal an einem fremden Tisch essen durfte. Und das kam so:

Mathildes Familie war groß. Sie bestand aus 13 Kindern, dem Vater, der Mutter und einer Großmutter. Der Vater war ein kleiner Flickschuster und die Mutter ging putzen. Trotzdem reichte das Geld nie, um alle satt zu bekommen. Oft standen die Kinder hungrig vom Tisch auf. Es war einfach nicht genug zu essen da.

Frau Bayer, Mathildes Lehrerin, merkte bald, dass das Kind sehr schlecht aussah. Blass war Mathilde, mager und immer müde. Da hatte die Lehrerin eines Tages eine Idee. Sie fragte in der Klasse, wer wohl am Wochenende ein Kind zum Essen einladen dürfe. Sofort flogen ein paar Finger in die Luft.

»Ihr müsst natürlich erst einmal eure Eltern fragen«, meinte sie dann. »Morgen gebt ihr mir Bescheid.«

Und so kam es, dass Mathilde am Sonntag bei der Familie Körner essen durfte. Mit Luise, ihrer Klassenkameradin, traf sie sich am oberen Stadttor. Dann gingen die beiden zu Luise nach Hause. Mathilde trat schüchtern ins Wohnzimmer. Dort war der große runde Tisch bereits schön gedeckt. Da lag doch tatsächlich eine weiße Decke auf dem Tisch und die Messer und Gabeln lagen rechts und links neben den Tellern. Mathilde bekam jetzt ein wenig Angst, weil sie nicht wusste, wie sie sich benehmen sollte.

Staunend betrachtete sie noch einen kleinen Blumenstrauß auf dem Tisch. Da dachte sie, »das ist ja wie im Märchen. So schön.«

Dann kamen Luises Vater und ihre drei Geschwister herein. Als sie sich lachend an den Tisch setzten, wusste Mathilde vor Aufregung gar nicht, was sie mit ihren Händen anfangen sollte.

Es gab ein feines Essen. Ein richtiges Sonntagsessen, wie man damals sagte. Luises Mutter legte immer wieder etwas davon auf Mathildes Teller.

Ängstlich blickte sie von einem zum andern. Sie hatte bisher noch nicht gelernt, mit Messer und Gabel zu essen. Jetzt versuchte sie es. Luises Mutter merkte dies und sagte: »Iss nur so wie zu Hause. Lass es dir schmecken.«

Mathilde war erleichtert. Aber daheim würde sie ab morgen versuchen, mit Messer und Gabel zu essen. Das konnte doch nicht so schwer sein. Mit einem Stück Brot ließe sich das sicher erlernen.

Als dann alle gegessen hatten, wunderte sich Mathilde, dass Frau Körner noch eine Nachspeise herbeibrachte: Birnenkompott mit Schokoladensoße. Mathilde hatte so etwas Feines noch nie gegessen. Sie war jetzt sehr glücklich und sehr satt. Sie konnte sich gar nicht erinnern, wann sie das letzte Mal so satt gewesen war. Das war sicher schon sehr lange her. Und was sie am meisten wunderte: Es war alles so locker und so gelöst bei diesem Essen. Luises Geschwister erzählten, der Vater aß mit großem Genuss und die Mutter lachte viel. Das war Mathilde von daheim nicht gewöhnt. Da wurde während des Essens nie gelacht. Bei ihr zu Hause fasste jeder mit seinem Löffel in die große Schüssel, die in der Mitte des Tisches stand. Und jeder sah zu, dass er möglichst viel erwischte. Es war kein Wunder, dass Mathilde, die sowieso etwas langsam war, oft nicht genug bekam.

Bei den Körners war einfach alles ganz anders. Das

36

spürte Mathilde vom ersten Augenblick an. Es kam ihr alles so fröhlich vor und so sanft und so leicht.

Nach dem Essen blieb sie nur noch kurze Zeit. Als sie sich dann verabschiedete, strich ihr Mathildes Mutter mit der Hand übers Gesicht. Das tat so gut. Sie dachte, so müsste es immer sein. Ein Leben lang. Man müsste genug zu essen haben und dann noch gestreichelt werden.

Und vergib uns unsere Schuld

Auch Kinder können etwas tun, was man nicht tun darf. Dann sagen wir: Wir laden Schuld auf uns.

Da spottet Sophie über Irina. Florian leiht ein Buch aus und gibt es nicht mehr zurück. Andreas setzt sich nachts vor den Fernseher, obwohl es die Eltern verboten haben.

Kinder können Schuld auf sich laden, wenn sie etwas Wichtiges und Gutes nicht tun.

Maria müsste den Müll trennen und wegtragen. Ludwig hilft der kleinen Schwester nicht bei den Hausaufgaben. Lisa schwänzt öfter einmal die Schule. Marco besucht seine kranke Oma nicht im Altenheim.

Wir spüren, wenn wir uns schuldig gemacht haben. Dann haben wir ein schlechtes Gewissen. In unserer Seele wird es dunkel. Wir fühlen uns nicht mehr wohl.

Gott kann unser Herz wieder hell machen. Wir erzählen ihm unsere Not und bitten: Ich hab etwas falsch gemacht. Es tut mir leid. Vergib mir diese Schuld.

Das Ballspiel

Der alte Mann sitzt, wie jeden Sommer, auch heuer wieder gerne im Stadtpark auf einer Bank. Den Spazierstock mit dem Gummi unten dran legt er neben sich. Den Hut behält er auf. Der Mann sieht gerne den spielenden Kindern zu. Manches Mal aber schläft er auch ein auf seiner Bank, der alte Mann. Heute zum Beispiel.

Hinter ihm toben Felix, Johannes und Max. Sie rennen einem Ball nach. Sie lachen und schreien. Sie freuen sich. Jetzt schießt Johannes den Ball aus dem Spielfeld. Er prallt auf der Rückseite der Bank ab, auf der der alte Mann sitzt.

»Aua!«, ruft Johannes und rennt dem Ball nach. Als er ihn zurückbringt, sagt er: »Der Alte dort sieht echt komisch aus. Ich glaube, der schläft.«

»Den wecken wir jetzt auf«, schlägt Felix vor. Er schießt den Ball absichtlich in Richtung Bank. Dort prallt er ab und fällt auf den Boden. Felix holt ihn. Dabei schaut auch er den Schlafenden von der Seite an. Felix schüttelt den Kopf. Er geht zur Vorderseite der Bank und macht Faxen. Nun kommen auch die anderen beiden Jungen hinzu.

»He, Opa, wach auf!«, ruft Max.

»Opa!«, meint Felix verächtlich. »Das ist doch kein Opa! Mein Opa ist erst fünfzig. Aber der da, der ist mindestens schon hundert.«

»Was, hundert?«, schreit Johannes. »Zweihundert würde ich sagen. Zweihundert ist der mindestens!« Die Jungen lachen laut. »Den schießen wir jetzt wach«, schlägt Max vor. Er rennt mit dem Ball in den Händen zurück auf das Spielfeld. Dann schießt er. Die Bank ist sein Ziel.

»Jetzt komm ich dran«, sagt Johannes. Er schießt ganz scharf. Und trifft den Mann am Kopf. Der Hut fällt ihm herunter.

»Tooor!«, schreien die Jungen und reißen vor Begeisterung die Arme hoch.

Der alte Mann erwacht durch einen dumpfen Schmerz im Hinterkopf. Ihm ist auch ein bisschen schwindelig. Er wundert sich, dass sein Hut am Boden liegt. Er versucht, ihn mit dem Stock aufzuheben. Das gelingt ihm aber nicht. Das Bücken fällt ihm so schwer. Die Jungen beobachten den Mann, helfen ihm aber nicht. Und sie spielen weiter, so, als ob sie nichts gesehen hätten.

Sie haben es aber gesehen. Und sie wissen auch, dass das nicht in Ordnung ist. Ob sie sich irgendwann entschuldigen?

Wie auch wir vergeben
unsern Schuldigern

Sarah hat mich angespuckt,
Lorenz hat meine Füller kaputtgemacht,
Gernot hat mein Rechenheft versteckt,
Luisa hat unwahre Sachen über mich gesagt.
Dies alles ärgert mich.

Was soll ich jetzt tun?
Ich kann den anderen böse sein,
sie nicht mehr anschauen,
nicht mehr mit ihnen reden,
nicht mehr mit ihnen spielen.

Im Vaterunser sagt uns Jesus: Du kannst aber auch ver-
zeihen. Du kannst sagen: »Ich bin dir nicht mehr böse.«
Wenn wir das tun, dann ist alles wieder gut. In unserem
Herzen ist es plötzlich wieder hell. Licht macht froh.
Gott macht uns froh. Er will, dass wir den anderen ver-
zeihen. So, wie er auch uns immer wieder verzeiht.
Wenn wir uns immer wieder daran erinnern, dass Gott uns
verzeiht, fällt es auch uns leichter, anderen zu verzeihen.

42

Der verlorene Schlüsselbund

Jimmy, den Jungen aus Kenia, nannten seine Klassenkameraden Schokoladenjimmy. Wegen seiner Hautfarbe natürlich. Wenn sie es ganz eilig hatten, sagten sie auch nur Schoko zu ihm.

Jimmy hatte gleich nach der Schule die Hausaufgaben gemacht und zu Mittag gegessen. Seine Eltern waren nicht zu Hause. Jetzt nahm er seinen Anorak vom Kleiderhaken und machte sich auf den Weg zum Sportplatz. Gewissenhaft sperrte er die Wohnungstür ab. Den Schlüsselbund, an dem viele Schlüssel hingen, steckte er in das kleine braune Ledertäschchen und dieses in die Anoraktasche.

Auf dem Spielplatz rannten schon ein paar Jungen aus seiner Klasse einem Fußball nach. Jimmy warf den Anorak neben die Jacken der anderen Jungen. Dabei merkte er nicht, dass das Täschchen mit dem Schlüsselbund herausfiel. Jimmy lief aufs Spielfeld.

»Hallo, Schoko!«, rief Lukas. »Geh gleich ins Tor!«

Jimmy, der groß war und stark, rannte ins Tor. Breitbeinig stand er jetzt da. Geschickt fing er die scharfen Bälle auf.

Sie haben lange gespielt, die fünf Kinder aus der Schule an der Schillerstraße. Plötzlich sagte Alex:

»Ich hör auf. Mir ist es zu heiß. Also, tschüss dann.«

Langsam schlenderte er zum Rand des Spielfeldes. Er wischte sich den Schweiß von der Stirn und bückte sich nach seiner Jacke. Dabei entdeckte er ein braunes Schlüsseltäschchen im Gras. Er hob es auf und schaute es an. »Das gehört doch dem Schokoladenjimmy«, dachte er. Und schon kam ihm der Gedanke, dieses Täschchen zu verstecken. »Das würde einen Spaß geben, wenn der Neger seine Schlüssel nicht mehr findet. Da gehe ich jetzt nicht heim. Das will ich sehen. Ich werde die Schlüssel verstecken!«

Bald kamen auch die anderen Jungen schwitzend und müde an den Rand des Spielfeldes. Jeder griff nach seinem Kleidungsstück. Jimmy hängte sich den Anorak um die Schultern und griff gewohnheitsmäßig in die Tasche nach seinem Schlüsselbund. Der war aber nicht da.

»Jetzt sind meine Schlüssel nicht mehr da«, sagte er. »Hat jemand meine Schlüssel gesehen?«

»Nein«, sagten die anderen.

»Du wirst sie doch nicht verloren haben«, meinte Alex scheinheilig.

»Als ich hierher kam, waren sie noch in meiner Anorak-tasche. Das weiß ich ganz genau«, sagte Jimmy.

»Vielleicht meinst du das nur«, sagte Leo. »Vielleicht hast du sie auf dem Weg hierher verloren. Als du so ge-rannt bist.«

Jimmy sah ganz verzweifelt drein. »Das gibt es doch nicht«, sagte er. »Aber ich will trotzdem suchen.«

»Wir helfen dir«, sagte David, der kleine Rothaarige mit den vielen Sommersprossen auf der Nase.

Die Jungen gingen gebückt den Rasen entlang. Sie such-ten schweigend nach den Schlüsseln. Dann kehrten sie wieder um. Es war kein Schlüsselbund zu finden.

Dort, wo die Kleidungsstücke der Jungen gelegen hatten, ließ sich Jimmy auf den Boden fallen, er setzte sich hin, zog die Beine an, umfasste sie mit beiden Armen und begann zu weinen.

»Wein doch nicht, Jimmy«, sagte Leo. »Du kannst mit zu mir nach Hause gehen und so lange bleiben, bis deine Eltern heimkommen.«

»Aber ich hatte doch ihre Hausschlüssel. Die können ja nicht in die Wohnung hinein, wenn ich ihnen nicht auf-mache.« Jimmy war verzweifelt.

»Daran hab ich jetzt gar nicht gedacht«, meinte Leo.

Jimmy aber weinte und schniefte. Jetzt trat Alex breitbeinig vor ihn hin und sagte: »Schokoladenjimmy, nun hör mir einmal zu. Welche Belohnung setzt du aus für den, der deine Schlüssel findet?«

»Weiß ich doch nicht«, antwortete Jimmy. »Wer soll sie schon finden? Wir haben doch alles abgesucht. Vielleicht hat sie mir jemand aus der Jackentasche gestohlen, während wir gespielt haben.«

»Quatsch«, sagte David. »Das hätten wir doch gesehen, wenn da jemand gewesen wäre.«

»Wenn du fünf Mark Belohnung aussetzt, werde ich die Schlüssel herschaffen«, sagte Alex. »Einverstanden? Fünf ganze, schöne Mark. Ja?«

»Meinetwegen«, sagte Jimmy.

Da griff Alex in seine Hosentasche und holte das braune Ledertäschchen mit den Schlüsseln hervor. Langsam ließ er es vor Jimmys Gesicht hin- und herbaumeln.

»Na, was sagst du jetzt?«, fragte er.

»Du bist gemein!«, rief Leo. »Du hattest die Schlüssel versteckt, nur um Jimmy zu ärgern. Du bist vielleicht fies. Dass du dich nicht schämst!«

Inzwischen hatte Jimmy den Schlüsselbund an sich genommen. Er wischte die Tränen ab und stand auf.

»So gemein hättest du nicht sein dürfen«, sagte er zu Alex. »Hast mir so einen Schrecken eingejagt.«

»Aber das mit den fünf Mark bleibt doch wie ausgemacht«, vergewisserte sich Alex.

»Die bekommst du trotzdem. Das hab ich nun einmal versprochen. Und was ich verspreche, das halte ich auch. Morgen bekommst du sie. Ich hab jetzt kein Geld bei mir.«

Schweigend machten sich die Jungen auf den Heimweg. Alex rieb sich die Hände. Er tänzelte neben den anderen her und sagte immer wieder. »Fünf Mark, glatte fünf Mark, wunderbare fünf Mark. Und so leicht verdient!«

Die anderen Jungen redeten an diesem Nachmittag kein Wort mehr mit ihm. Sie hatten alle gespürt, dass man so nicht mit einem Klassenkameraden umgehen darf. Auch nicht, wenn er aus einem anderen Land kommt und eine andere Hautfarbe hat.

Als sie auseinandergingen, sagte Leo zu Alex:

»Eines sage ich dir. Du nimmst diese fünf Mark morgen nicht an. Sonst bekommst du mit uns allen Ärger. Und außerdem entschuldigst du dich bei Jimmy. Klaro?«

»Misch du dich da nicht ein. Dich geht das nämlich gar nichts an. Verstehst du? Das ist eine Abmachung, ein Geschäft zwischen Jimmy und mir. Hast du das endlich kapiert, du Blödmann? Und jetzt schleich dich! Verdufte! Hau endlich ab!«

48

»Wir reden morgen noch einmal darüber, in der großen Pause. Ich muss jetzt heim«, entgegnete Leo.

Jeder der fünf Jungen hatte einen anderen Nachhauseweg. Und sie riefen einander zu: »Tschüss« und auch »tschüss dann, bis morgen!«

Alex hat sich dann wirklich bei Jimmy entschuldigt. Und er war froh, dass dieser ganz locker sagte: »Ist schon O.K.«

Und führe uns nicht in Versuchung

Jeder weiß: Es gibt auf der Welt Gutes und Böses. Damit wir unterscheiden können, was gut ist und was böse ist, haben wir eine innere Stimme. Es ist das Gewissen. Wir können wählen, wofür wir uns entscheiden, für das Gute oder für das Böse.

Manchmal fällt es uns schwer, das Gute zu tun. Das Böse lacht uns an. Es sagt: »Tu das doch. Das ist doch gar nicht schlimm. Wenn du das machst, wirst du viel Spaß haben. Das bringt dir Vorteile.«

Wenn wir das Böse getan haben, tut es uns später vielleicht leid. Dann bitten wir Gott: Hilf uns beim nächsten Mal, dass wir uns nicht vom Bösen verführen lassen. Lass uns klar erkennen, was richtig und was falsch ist. Hilf uns, das Gute zu tun.

Anton und die Roten Teufel

Anton kam gerade aus der Klavierstunde. Sein Lehrer wohnte im Nachbarort. Anton war gut aufgelegt. Der Lehrer war wieder einmal sehr zufrieden mit ihm. Anton fuhr ein Stück des Weges mit verschränkten Armen. Jetzt nahm er auch die Füße vom Pedal. Er pfiff die Melodie, die er zuletzt am Klavier gespielt hatte.

Er überlegte: »Was hatte der Lehrer heute gesagt? ›Du solltest vielleicht doch einmal Musik studieren, so, wie du spielst. Das macht dir so schnell keiner nach. Ich werde einmal mit deinen Eltern darüber reden. Junge, du hast Talent.‹«

Anton freute sich natürlich über so viel Lob. Und weil er an diesem Nachmittag nichts Bestimmtes mehr vorhatte, fuhr er nicht wie sonst auf der Landstrasse nach Hause, sondern über die Feldwege, an dem kleinen Fluss entlang. Plötzlich sprangen vor ihm ein paar Kinder aus dem Gebüsch. Sie breiteten die Arme aus und versperrten ihm den Weg.

»Absteigen!«, befahl Lars, der Älteste von ihnen, und zerrte ihn vom Rad.

»Hey!«, rief Anton. »Was wollt ihr denn?«

»Du bist *dran*«, sagte Lars. Und die beiden Jungen, die jünger waren als er, sowie zwei kleinere Mädchen standen jetzt um ihn herum. Alle fünf zusammen waren die Roten Teufel. So nannte sich die Bande. Anton hatte schon einmal von ihnen gehört, war ihnen aber noch nie begegnet. Jetzt drehten die beiden Jungen, sie hießen Timo und Georg, Anton die Arme auf den Rücken.

»Aua!«, rief Anton. »Was wollt ihr denn von mir? Ich hab euch doch nichts getan. Lasst mich los!« Er wehrte sich, so gut er konnte.

Lars hatte das Rad inzwischen auf den Boden geworfen. Nun nahm er ein Feuerzeug aus der Hosentasche. Er machte es an und fuchtelte Anton damit vor dem Gesicht herum. Anton drehte verzweifelt den Kopf hin und her.

»Lass mich gehen!«, schrie er wieder verzweifelt. »Und tu das blöde Feuerzeug weg!«

»Keine Angst, Kleiner«, sagte Lars. »Und nun hör mir mal gut zu. Wir sind die Roten Teufel. Wir halten zusammen wie Pech und Schwefel. Und wir wollen Spaß haben. Viel Spaß. Jetzt suchen wir einen, der zu uns passt. Er muss aber eine Bedingung erfüllen. Grips muss er im Hirn haben. Verstehst du? Grips. Und du hast Grips, denke ich. Siehst jedenfalls danach aus.«

»Lasst mich endlich los!«, rief Anton erneut. »Ich passe nicht zu euch. Sucht euch einen anderen! Ich will nichts mit euch zu tun haben!«

»Ruhig, ruhig«, sagte Lars. »So einfach ist die Sache nicht.« Wieder fuchtelte er mit dem brennenden Feuerzeug vor Antons Gesicht herum. Jetzt brannte er ihm sogar ein paar Haare an. Anton versuchte erneut, sich mit Händen und Füßen zu wehren. Aber die anderen waren in der Überzahl. Fünf gegen einen!

»Wir wollen nur dein Bestes«, begann Lars wieder. »Du wirst sehen, wenn du zu uns gehörst, wirst du ebenso viel Spaß haben wie wir. Jeden Tag ein Erfolgserlebnis. Du wirst dich freuen wie nie zuvor. Und das sind unsere Bedingungen: Du gehst mit uns in die Kaufhäuser und klaust. Was dir gerade so in die Finger kommt.«

»Ich hab sogar schon einmal ein T-Shirt geklaut«, sagte eines der Mädchen stolz. »Und man hat mich nicht erwischt.«

»Ich will aber nicht klauen und werde nicht klauen. Niemals! Dass dies endlich klar ist. Ich passe nicht zu euch! Und jetzt lasst mich endlich in Frieden!«, schrie Anton. Schweiß rann ihm übers Gesicht. Auch sein T-Shirt hatte er nass geschwitzt. Er war furchtbar aufgeregt.

»Also«, begann Lars wieder. »Morgen um die gleiche

Zeit bist du wieder hier. An dieser Stelle. Dann sehen wir weiter. Und kein Wort zu deinen Alten. Oder gar zu deinen schwachsinnigen Lehrern. Hast du verstanden?«

Anton hob sein Rad vom Boden auf. Das Klavierheft auf dem Gepäckträger war jetzt schmutzig und zerknittert. Er stieg auf. Lars schlug mit seinem Stiefel hart gegen das Hinterrad, als Anton abfuhr.

Daheim schlich er sofort ins Bad. Er schnitt ein Stück seiner Haare ab. »Jetzt kann niemand sehen, dass sie angesengt waren«, dachte er und betrachtete sich im Spiegel. Hastig warf er sein T-Shirt in den Wäschekorb und holte ein frisches aus dem Schrank. Als er der Mutter begegnete, schnupperte sie an ihm herum und fragte: »Was ist denn mit dir los? Du riechst so angebrannt.«

Und schon hatte sie die Stelle entdeckt, an der Anton die Haare abgeschnitten hatte.

»O Gott«, dachte er. »Jetzt geht die Lügerei schon los.« Und schnell antwortete er: »Ich war noch kurz bei einem aus meiner Klasse. Der hat im Keller einen Lötapparat. Da bin ich ein bisschen zu nahe gekommen.«

Nach dem Abendessen ging er gleich ins Bett. Er überlegte: »Was soll ich tun? Soll ich morgen hingehen zu den Roten Teufeln? Ich will doch gar nicht. Wenn ich aber nicht komme, werden sie mir irgendwo auflauern und mich verprügeln. Oder sie verschleppen mich oder tun mir sonst etwas Schlimmes an.« Ihm war schlecht vor Angst.

»Wenn ich aber hingehe, werden sie mich für immer in Frieden lassen«, überlegte er. »Dann klaue ich halt einmal einen Füller oder vielleicht sogar eine goldene Uhr. Was ist schon dabei? Das tun ja viele Kinder. Warum nicht auch ich? Eigentlich könnte das recht spannend sein. Einmal etwas ganz anders als immer nur Schule und Klavier und Sport.«

Dann aber spürte er, wie in seinem Inneren vieles dagegen sprach. Er war bisher immer anständig gewesen. Ein guter Schüler. Und ein guter Sohn. Und wieder überlegte er: »Wenn ich zu den Roten Teufeln gehöre, wäre ich nicht mehr der, der ich bisher war. Ich würde mich verändern. Aber das wäre doch nicht gut. Oder?« Vor Aufregung konnte er gar nicht richtig denken. In seinem Kopf schwirrte alles durcheinander. Und Anton konnte kein Auge zutun in dieser Nacht. Am nächsten Morgen war ihm so übel, dass er nicht zur Schule gehen konnte. Er hat das Haus an diesem Tag überhaupt nicht verlassen. Lars und die Roten Teufel warteten vergeblich auf ihn.

Lange konnte Anton diesen Zwiespalt nicht aushalten. Und so entschloss er sich, nicht zu den Roten Teufeln zu gehen. Er wollte kein Dieb werden und kein Verbrecher. Er würde weiterhin Klavier spielen und fleissig üben. »Vielleicht werde ich einmal ein berühmter Künstler«, dachte er. »Wenn dann ein Bild von mir an den Plakatsäulen hängt, werden sich die Roten Teufel aber wundern. Nein, ich werde kein Verbrecher!«

Am nächsten Tag erzählte er alles seinem Vater. Und der Vater hat Antons Anliegen sogleich verstanden. Er hat dafür gesorgt, dass die Roten Teufel niemand mehr belästigten. Anton hat sie auch nie wieder gesehen.

Sondern erlöse uns von dem Bösen

Auch dann, wenn wir uns vorgenommen haben, ganz gut zu sein, wird uns das nicht immer gelingen.
Da schlägt Jan den Michael auf die Nase,
Monika verpetzt die Lea bei der Lehrerin,
Julian spielt Fußball mit dem Pausenbrot,
Deborah klaut ihrer Mutter Geld aus der Handtasche.
Wir sind manchmal ganz schön böse. Alle Menschen sind irgendwann einmal böse. Deshalb gibt es Kriege, in denen sie sich gegenseitig totschießen. Es gibt Hungersnöte, weil sie einander nichts gönnen und anderen das Land wegnehmen.
Die Welt ist noch lange nicht in Ordnung. Das »Reich Gottes« ist noch längst nicht überall. Wir Kinder können aber mithelfen, dass es auf der Welt besser wird.
Wir wollen versuchen, nichts Böses über andere zu denken oder zu reden. Böse Worte bleiben im Gedächtnis des anderen. Sie können wehtun und verletzen.
Wir bitten Gott: Mach uns frei von allem Bösen. Hilf uns, denn allein können wir das Böse nicht besiegen.

Der Hund und die Wurst

Aufgeregt kommt Melanie aus der Schule nach Hause. Während sie die Schuhe auszieht, sagt sie zur Mutter: »Stell dir vor, jetzt haben sie schon wieder einen Hund umgebracht. Den Schäferhund aus dem Haus an der Kreuzung vorne. Heute Nacht.«

»Das darf doch nicht wahr sein!«, sagt die Mutter. »Wer hat denn das gesagt?«

»Der Moritz hat es in der Schule erzählt. Der wohnt gleich in der Nähe.«

Jetzt kommt auch Jakob nach Hause.

»Schon wieder ein toter Hund!«, ruft er in die Wohnung.

»Wenn mich nicht alles täuscht, ist das schon der vierte«, sagt die Mutter. »Weiß man immer noch nicht, wer der Verbrecher ist?«

»Seit einiger Zeit fahren nachts Polizisten durch die Gegend. Sie haben bisher aber noch keinen Verdächtigen entdeckt«, sagt Jakob.

»Es gibt schon böse Menschen auf der Welt. Hunde töten, die treu und brav das Haus ihrer Besitzer bewachen, das ist doch das Letzte.«

60

Im Nachbarhaus wohnt eine reiche Witwe, die Frau B. Kinder hat sie keine und Tiere mag sie nicht. Den Tag verbringt sie damit, sich schön zu machen. Andere Aufgaben hat sie nicht. Für die Arbeiten im Haus und im Garten hat sie ihre Leute. Und weil sie nichts arbeitet, ist sie abends und nachts nicht müde. Stundenlang liegt sie mit offenen Augen im Bett. Sie ärgert sich, dass sie nicht schlafen kann und hört auf jedes Geräusch. Dabei stört sie das gelegentliche Bellen der Hunde in der Nachbarschaft am meisten. Eines Tages kam ihr eine Idee: »Ich werde sie umbringen, diese Kläffer, diese Bestien, diese Ruhestörer.« Jetzt hatte sie eine Aufgabe. »Wie stelle ich das am klügsten an?«, überlegte sie.

Gleich am nächsten Tag fuhr sie in die Stadt. Bei einem Metzger, der sie nicht kannte, kaufte sie dicke Wurst. Dann besorgte sie noch Rattengift. Mit einem für sie ungewohnten Lächeln im Gesicht fuhr sie nach Hause. Sie schnitt die Wurst ein Stück auf, füllte das Gift hinein und nähte die Wurst wieder zu. Sie hielt sie gegen das Licht und sagte: »Wunderbar!«

Am Abend wickelte sie die Wurst in ein Küchenpapier und machte sich auf den Weg. Zu Fuß natürlich. Die Straßen in dem Villenviertel waren leer. Es war auch ganz still hier. Bald stand sie vor dem Haus, das von einem mächtigen Rottweiler bewacht wurde. Frau B. sah sich nach allen Seiten um. Nein, es war niemand in der Nähe. Im Haus brannte kein Licht. Und außerdem war es schon dunkel. Da fasste sie schnell in ihre Tasche. Sie nahm die Wurst heraus und schleuderte sie mit großem Schwung über den Zaun. Der Rottweiler hatte die Wurst sofort entdeckt. Er nahm sie ins Maul, biss einmal drauf und schluckte sie hinunter. Seit dieser Nacht hat er nicht mehr gebellt.

Frau B. war mächtig stolz auf ihre Tat. Noch in dieser Nacht beschloss sie, in nächster Zeit alle bellenden Hunde ihrer Umgebung auf die gleiche Weise aus der Welt zu schaffen.

In ihrem Nachbarhaus, dort wo Melanie und Jakob wohnen, läutet das Telefon. Die Mutter geht hin. Alle hören gespannt zu. Wer da wohl in der Leitung ist?

»Ja«, sagt die Mutter. »Aber selbstverständlich. Ja, natürlich. Morgen. Ja, wir sind da. Bringt ihn nur. Wir freuen uns. Alles O.K.«

Am nächsten Tag fährt ein Auto vor und Wacki, der kleine graue Schnauzer, von dem am Telefon die Rede war, springt heraus. Seine Besitzer wollen ins Ausland fahren und den Hund für zwei Wochen in guten Händen wissen. Alle sind begeistert und Melanie und Jakob freunden sich innerhalb weniger Minuten mit Wacki an. Sie werfen ihm im Garten einen Tennisball zu. Wacki springt nach ihm, legt ihn den Kindern vor die Füße und bellt. Das heißt: Werft noch einmal.

Der nächste Tag. Die Kinder sind in der Schule. Der Vater ist im Büro. Die Mutter ist mit dem Hund allein. Wacki geht zur Türe und bellt kurz. Er muss hinaus. Die Mutter öffnet ihm. Wacki rast wild und laut bellend durch den Garten. Er ist voller Lebensfreude. Die Mutter hat noch in der Küche zu tun. Nach längerer Zeit geht sie in den Garten hinaus, um nach dem Hund zu sehen. Da liegt der arme Wacki, zitternd und lang hingestreckt auf dem Boden. Mit weit aufgerissenem Maul atmet er heftig. Die Augen hat er geschlossen. Die Mutter gerät in Panik. Ein Tierarzt muss her. Der Hund ist ja krank, schwer krank. Aber sie kennt keinen Tierarzt. Und das Telefon ist seit heute früh schon kaputt. Seit Stunden wartet sie auf den Störungsdienst.
In ihrer Not rennt sie zur Nachbarin. Dort hatte sie noch nie geläutet. Und die Frau, die dort wohnt, kennt sie auch nur flüchtig. Aufgeregt und in abgerissenen Sätzen erzählt sie, was vorgefallen ist. Sie bittet, telefonieren zu

dürfen. Gemeinsam finden sie den Namen und die Nummer eines Tierarztes im Telefonbuch. Frau B. bedauert den Vorfall ganz außerordentlich.

»Hat er wohl etwas Falsches gefressen?«, fragt sie scheinheilig. »Aber nein, seine Besitzer haben mir sein gewohntes Futter dagelassen.«

»Es wird ihn doch niemand vergiftet haben? Solche Leute soll es geben«, sagt Frau B. »Da ist in letzter Zeit doch schon öfter so etwas vorgekommen in unserer Gegend, habe ich gehört.«

»Aber nein«, meint die Mutter. »Das kann ich mir nicht vorstellen. Wer soll denn hier herumgehen und einen kleinen Hund umbringen. So böse kann doch niemand sein.«

»Und ich sage ihnen, es *gibt* böse Menschen.« Frau B. lässt nicht locker. »Wie schön«, denkt sie, »dass auf mich nicht der geringste Verdacht fällt.«

»Ich muss mich jetzt aber um meinen Patienten kümmern«, sagt die Mutter und geht mit schnellen Schritten auf ihr Haus zu.

Frau B. aber freut sich. Zu sich selber sagt sie: »Das ist die Nummer fünf!« Dann dreht sie sich auf dem Absatz um, macht das Radio an und tanzt durchs Zimmer.

Bis heute weiß niemand, daß Frau B. die Hundemörderin ist. Es gibt aber auch keine neuen Hunde mehr in dieser Wohngegend. Auch der kleine Wacki ist nicht mehr aufgewacht. Der Tierarzt konnte ihm nicht mehr helfen.

Viele Familien trauerten jetzt um ihre geliebten kleinen und großen vierbeinigen Freunde.

Dass Frau B. aber, trotzdem sie nachts keine Hunde mehr bellen hörte, auch nicht gut schlafen konnte, wusste niemand. Ob sie sich ihrer schlechten Taten jemals bewusst wurde? Das weiß niemand. Und ob sie jetzt glücklicher ist? Das wissen wir auch nicht.

Denn dein ist das Reich und die Kraft und die Herrlichkeit in Ewigkeit. Amen.

So loben und preisen wir Gott am Schluss des
Vaterunsers.

Großer, allmächtiger, heiliger, wunderbarer Gott!
Du hast alles geschaffen.
Wir beten dich an
in der Luft, die wir atmen,
in der Sonne, die scheint,
im Mond, der die Nacht erhellt,
im Regen und in den Wolken.

Wir beten dich an
in den Blumen, die so schön blühen,
in den Tieren, die laufen und kriechen,
in den zarten bunten Schmetterlingen
und den Vögeln, die so laut zwitschern.

Du bist groß, kein Mensch ist wie du.

Onkel Max, sein Fernrohr und sein Pfirsichbaum

Onkel Max hat sich ein Fernrohr gekauft. Schwarz und wuchtig steht es auf dem Balkon. Und für Christian ist heute ein großer Tag. Er darf am Abend mit dem Onkel zusammen durch dieses Fernrohr den Sternenhimmel betrachten. Christian ist schon furchtbar aufgeregt.

»Steh ganz ruhig«, sagt Onkel Max. »Nicht zappeln. Und jetzt schau da hinein. Siehst du etwas?«

»Ja, eine große runde Kugel mit Ringen drumherum.«

»Das ist der Saturn«, sagt Onkel Max.

Christian aber sieht noch viel mehr: den Jupiter, die Milchstraße und natürlich den Mond mit seinen Gebirgen und Kratern. Der Onkel erklärt ihm alles. Und Christian merkt, dass der Onkel dabei ganz ergriffen ist. So hat er ihn bisher noch nie erlebt.

»Das ist doch großartig, einfach wunderbar und großartig!«, sagt der Onkel. Und seine Stimme zittert dabei ein bisschen.

»Da meint man, die Sterne hängen wie Christbaumku-
geln so leicht in der Luft. In Wirklichkeit sind es riesige
Himmelskörper, die mit ungeheurer Geschwindigkeit
durch das Weltall rasen. Weil sie aber so weit von uns ent-
fernt sind, meinen wir, sie würden stillstehen. Und jedes
Gestirn hat seinen Platz und alles hat seine Ordnung.
Manches Mal frage ich mich, warum Gott das alles erschaffen hat.« Der Onkel atmet lauter als sonst. Und nach
einer kleinen Pause fragt er Christian: »Hast du darüber
schon einmal nachgedacht?«

»Nein«, antwortet Christian. »Hab ich nicht.«

»Aber trotzdem: Was meinst du, warum Gott dies alles
erschaffen hat?«

»Vielleicht nur so, zu seiner Freude«, antwortet Christian.

»Das ist eine gute Antwort«, sagt der Onkel. »Nur so, zu
seiner Freude. Vielleicht hast du recht. Wer weiß?«

Jetzt gehen die beiden ins Zimmer zurück. Der Onkel
bleibt am Fenster stehen. Die beiden sehen schweigend
in die dunkle Nacht hinaus. Eine Straßenlaterne be-
leuchtet schwach den Garten vor dem Haus. Da sagt der
Onkel: »Weißt du, Christian, ich denke in letzter Zeit
sehr viel nach. Ich habe mir dieses Haus gebaut. Und
den Garten angelegt. Alles, was ich gepflanzt und gesät
habe, wächst und blüht wunderbar. Aber was habe ich

schon dazu getan, dass es so ist? Nichts konnte ich tun.«

»Doch«, meint Christian. »Du hast gegossen und Unkraut ausgezupft.«

»Ja, das schon«, fährt der Onkel fort. »Und gedüngt habe ich auch ein bisschen. Aber alles andere hat Gott gemacht. Da habe ich vor ein paar Jahren einen Pfirsichkern in die Erde gelegt. Eigentlich nur so zum Spaß. ›Möchte mal sehen, ob da was draus wird‹, dachte ich. Und inzwischen ist dieser herrliche Baum daraus entstanden. Gott hat dem Kern die Kraft gegeben, dass er sich ausdehnt und wächst. Siehst du den Baum? Der dort hinten links, das ist er. Mein Pfirsichbaum.«

»Toll!«, sagt Christian. »Ich hab gar nicht gewusst, dass du nur einen Kern in die Erde eingegraben hast.«

»Ich wundere mich auch immer wieder«, fährt der Onkel fort, »dass das zarte feine Gras wieder aufsteht, wenn wir mit unserem Zentnergewicht daraufgetreten sind.«

Christian ist jetzt ganz still geworden. Und er denkt, »der Onkel hat recht.« Dann sagt er: »So gehört eigentlich die ganze Welt und alles, was es sonst noch gibt, ich meine die Sterne und die Sonne und den Mond, das Meer und das Gebirge, alles gehört Gott. Und sonst niemandem.«

»Ja«, entgegnet der Onkel. »Alles gehört ihm. Wir sind nur seine Gäste. Wenn das die Menschen endlich begreifen würden!«

Dann schweigen die beiden eine Weile. Es ist so still um sie herum, dass man Christians Atem hören kann.